Heidi Pilatus

Der Alltag im Banne des Corona-Virus

Gedanken einer vierfachen Mama und Schweizerin

Verlag & Druck: tredition GmbH, Halenreie 40-44, 22359 Hamburg

ISBN
Paperback: 978-3-347-05194-2
Hardcover: 978-3-347-05195-9
e-Book: 978-3-347-05196-6

Am heutigen Tag, Freitag den 13. März 2020 bei Vollmond, ist es also offiziell:

Die Schulen bleiben gesamtschweizerisch bis 19.04.2020 geschlossen. Voraussichtlich... Der Bundesrat hat heute beschlossen, den Unterricht in sämtlichen Schulen in der Schweiz einzustellen. Dieser Entscheid ist richtig und wichtig. Finde ich. Ein Hoch auf unsere Bundesräte.

Mit deren Entscheidung über die Vorsichtsmassnahmen wird sie unserer Jugend ein Leben lang in bester Erinnerung bleiben. Uns Eltern ebenso. Ein Betreuungsangebot für Schülerinnen und Schüler mit berufstätigen Eltern wird eingerichtet.

Da Grosseltern zur Risikogruppe gehören, sollen diese momentan nicht die Kinderbetreuung übernehmen, und so besser vor dem Virus geschützt werden. Endlich haben Oma und Opa wieder einmal offiziell sturmfrei. Auch sie haben ein Privatleben. Der staubige Jass-Teppich kann im Balkon ausgeklopft werden. Das geheime Natel wird zum Chatten wieder aufgeladen und eingeschaltet. Die Reizwäsche im hintersten Teil der Schublade wird hervorgebuddelt. Zusammen mit den Erwachsenen-DVDs. Stricken können sie später wieder einmal auf dem Spielplatz. Wann wird es ein "später" geben?

Der Bundesrat will so eine bestmögliche Gesundheitsversorgung für die Bevölkerung sicherstellen. Schweizer Bürger sind ansich nicht an sofortige Regeln gewohnt. Deshalb weitet sich eine Panik in der Bevölkerung aus. Gilt es doch immer

zuerst, mit einer Abstimmung die Stimmen der Stimmbe-
rechtigten zu zählen und zu akzeptieren. Aber in dieser Aus-
nahme-Situation bleibt keine Zeit, um die Meinung der Bevölkerung anzuhören. Dieser aussergewöhnliche Zustand
muss vorwegs vom Bundesrat entschieden, und von der Bevölkerung umgesetzt werden. Sonst würde ein absolutes
Chaos herrschen.

Solche Massnahmen begrüsse ich sehr. Als totale Mega-
Helikopter-Mama bin ich immer sehr besorgt um das Wohl-
befinden meiner vier Kinder. Aber was wird jetzt im Alltag auf
uns zukommen? Sind totale U-Boot-Eltern weniger besorg-
ter als ich? Anscheinend sind Kinder und Jugendliche nicht
gross von diesem neuen Virus gefährdet.

Während ich unsere Waschmaschine pausenlos fülle, und
den Boden x-mal swiffe, hängen diese obercoolen Eltern
wahrscheinlich stundenlang mit ihren Kolleginnen am Natel
und erzählen sich, während sie auf dem Sofa vor dem lau-
fenden TV sitzen, die neusten News. Ihre Fortnite-Geschä-
digten Kids haben jetzt noch mehr Zeit fürs Gamen. Und ne-
benbei können sie sich auf Youtube Videos von allerlei Ab-
artigem reinziehen. Für meine Kinder schiebe ich eine DVD
von Ice Age in die Kiste, da wir seit Jahren keinen TV-An-
schluss haben. "Wer Coronakrank werden will, kann mit
Papa einkaufen gehen," rief unsere Jüngste am Samstag zu
ihren Geschwistern. Mein Mann tätigt unseren Wochenein-
kauf von nun an besser alleine. Also, was erwartet uns?

Nachdem sich meine Kinder, nach Anweisung der Lehrper-
sonen, nun tagelang sehr häufig ihre Hände gewaschen und

beinahe Wund desinfiziert haben (in der Schule halbstündlich), dürfen sie jetzt ihre langen Osterferien antreten. Das Händeschütteln zur Begrüssung wurde durch einen feinen "Kick" mit den Schuhen ersetzt. Im Kindergarten wurde auf China-Art die Hände gefaltet und mit einem Lächeln genickt. Somit wissen schon die ganz Kleinen, woher der Wind weht.

In meinem Mama-Hirn kochen nun natürlich viele Fragen, die mit einer Antwort abgekühlt werden müssen:

Mama was ist Corona? Was sind Politiker? Warum geht Papa am Montag wieder arbeiten, aber wir können nicht zur Schule? Was werden wir in den langen Ferien unternehmen? Hallenbad ist zu, jegliche Veranstaltungen wurden abgesagt...werden sich nun alle Kinder auf den Spielplätzen herum tummeln? Demnach gehen wir wohl besser am Vormittag von 08.00 bis 10 Uhr auf die Spielplätze, wenn noch nicht so viele Leute dort sind? Die LUGA findet auch nicht statt? Glück für die armen Säuli. Warum waren die Regale heute im Denner, Aldi und Migros ziemlich leer? Sollen wir ebenfalls Hamstereinkäufe tätigen, wenn und falls die neue Lieferung kommt?

Im allerallerschlimmsten Fall gäbe es ja noch das grosse gelbe M mit Drive-in. Oh, die schliessen nun gesamtschweizerisch ihre Türen. Wie erkläre ich das ganze Thema kindergerecht und ohne panischen Akzent? Diese unsichtbare Gefahr für meine Kinder kenne ich nicht.

Das ist nicht eine ersichtliche Tischkante, wo sie sich den Kopf "atätsche" können. Warum sind diese Viren nicht farblich oder mit einem Ausschlag am Körper ersichtlich, wie z.B. die Windpocken oder Masern? Das würde das Ganze vereinfachen. Wie also soll ich meine Kids davor beschützen?

Jedes Jahr um diese Jahreszeit rollt eine Grippewelle über die Schweiz, wobei ältere und gesundheitlich geschwächte Menschen sterben. Ich google mal ein paar Jahre zurück: Eine starke Grippewelle im Frühjahr 2015 hat etwa 2200-2500 Todesfälle in der Schweiz bewirkt. Nach Schätzungen des Robert-Koch-Instituts forderte die Grippe-Welle in der Saison 2017/2018 allein in Deutschland 25'100 Todesfälle. Die höchste Zahl seit 30 Jahren. Darf solchen statistischen Zahlen geglaubt werden? Warum solche Massnahmen jetzt? Wird uns da etwas verschwiegen? Ist dieser Virus viel gefährlicher als publiziert? Oder schlichtwegs einfach nur neu und deshalb noch unerforscht?

Warum fielen am 29. Februar 120 tote Vögel im Thurgau mit Lungenblutungen vom Himmel? Hatten sich diese Stare ebenfalls mit einem Virus infiziert? Verbreiten nun Vögel diese Krankheit? Ich habe Angst.

Am liebsten möchte ich mit meiner Familie den Planeten wechseln. Da kommt mir diese Frage in den Sinn: welche drei Sachen nimmst du auf eine einsame Insel mit? Also welche unverzichtbaren Gegenstände. Und das wäre in der heutigen Zeit? Ebenfalls erinnere ich mich an diesen schrecklichen Film mit Will Smith "I Am Legend".

Und ja...ich konnte diesen Film nicht zu Ende schauen. Also jetzt mal wieder ganz sachlich:

Was bedeutet eigentlich Corona-Virus-Pandemie?

Für Erwachsene vereinfacht erklärt: Ausbruch einer neuartigen Atemwegserkrankung, "Covid-19" steht für **Co**rona **vi**rus **d**isease mit Ausbruch im Dezember 20**19** in der chinesischen Provinz Hubei, vorallem in der 11-Millionenstadt Wuhan. Der Virus-Erreger heisst SARS-CoV-2. Meistens löst der Virus Fieber, Husten und Atembeschwerden aus. Die Behandlung erfolgt durch 14-tägige Isolation zu Hause oder im Spital, mit Symptom-Bekämpfung gegen Fieber und Husten. Übertragen wird der Virus durch Tröpfchen-Infektion, also hauptsächlich durch Spucken und Niesen, Pipi und Popo. Ein Virus ist wie die Liebe: Er beginnt auf der Strasse, und endet im Bett.

Deshalb sollen Orte und Veranstaltungen mit über 50 Per-sonen gemieden werden. Hiess es zuerst. Nun sind alle Veranstaltungen abgesagt. Draussen dürfen sich nicht mehr als fünf Personen zusammen aufhalten. ÖV sind möglichst zu meiden. Gegenüber fremden Menschen wird mindestens 2 Meter Abstand empfohlen. Deshalb laufen die Monteure auf der Baustelle von meinem Mann mit ausgestrecktem Holzmeter herum. Die ganz Ängstlichen gehen gar nicht erst zur Arbeit und bleiben aus "psychischen Gründen" zu Hause. Gut wird unter der Nummer 143 (Dargebotene Hand) und 147 (Pro Juventute, Kinder- und Jugendhilfe) telefonisch geholfen.

Da es ein neuer Virus unter den Menschen ist, fehlt der Menschheit die Grundimmunisierung dafür. Kinder und junge Erwachsene ertragen diesen Virus mit einer leichten Erkältung bis hin zu einer Grippe. Danach entwickeln sich Antikörper, welche das Immunsystem bei erneuter Ansteckung stärken (...sollten). Aber alte und gesundheitlich angeschlagene Leute können sich bei diesem neuen Virus eine tödliche Lungenentzündung einfangen. So ist es schon geschehen, dass erkältete Forscher einem isolierten Volk in der Wildnis ungewollt mit einer tödlichen Bedrohung begegneten.

Für Kinder vereinfacht erklärt: Nicht mit den Händen in den Mund, Nase und Augen fassen. Nur mit einem Kleenex, oder dann nur, wenn die Hände gerade mit Seife gewaschen wurden. Kein Essen draussen mit anderen Kindern teilen, und sowieso nie Getränke. Keine fremden Leute anfassen, auch nicht hauen. Abstand von vier grossen Schritten zu anderen Leuten einhalten. Meidet wenn möglich öffentliche WCs, und macht euer Bisi zu Hause. Oder in der Natur. Dieser böse China-Virus ist schon auf der ganzen Welt. Endlich waschen sich die Leute mal wieder richtig die Hände. Das Thema Hygiene bekommt den höchsten Stellenwert in der Schule.

Für Erwachsene vereinfacht erklärt: Wo bei vielen Berufen (Schulen, Büro, Gastronomie, Puff) nun Kurzarbeit oder Home-Office eingeführt wird, sind an einigen Orten zu wenig Arbeitskräfte vorhanden (Reinigungsbranche, Pflegeberufe, Lebensmittelhandel).

Selbstständig Erwerbende wie Taxifahrer, Fotografen und etwa 20 andere Berufe dürfen vom Bund aus weiter arbeiten. Sie erhalten trotz fehlender Kundschaft keine finanzielle Hilfe vom Bund. Nur bei diesen Berufen, die schliessen müssen wie z.B. Coiffeursalons. Der Bund sucht diesbezüglich nach einer Lösung.

Für Kinder vereinfacht erklärt: Papa muss zur Arbeit, sonst funktionieren die Heizungen nicht, und noch mehr Leute werden krank. Pünktlich zur Sommerzeit-Umstellung werden wir von Schnee überrascht. Papa schüttelt niemandem die Hand. Er muss auch im Büro arbeiten und Material für die Baustellen bestellen. Dabei muss er den Mindestabstand von 2 Metern einhalten. Auf der Baustelle ist das leider nicht immer umsetzbar. Da wird Hand in Hand geholfen und gearbeitet.

Die Bundesräte haben vor "Hamsterkäufen" abgeraten. Die Schweiz hat angeblich genug Lebensmittel-Depots. Dumme Situation aber, wenn ich zweimal am Tag einen Einkaufsversuch unternehme, und mir die leeren Regale im Laden zu verstehen geben, dass ich schon wieder zu spät bin für Katzenstreu, Klopapier, Reis und Pasta. Deshalb habe ich mir vorgenommen, bei der nächsten Gelegenheit ebenfalls für meine Kinder für einen Monat einzukaufen. Geht das jetzt auch unter "hamstern"? Wohl eher unter dem Motto: Vorsicht ist besser als Vertrauen.

Für Erwachsene vereinfacht erklärt: In der Apotheke könnte auf Vorrat Dafalgan-Zäpfchen gegen Fieber, Bisolvon gegen Husten, und Algifor Junior/Algifor Tabletten gekauft werden.

Dies beruht lediglich auf meiner Meinung. Im Internet wird bei Covid-19 bei Fieber vor Ibuprofen, also Algifor gewarnt. Im Moment kursieren aber so viele verschiedene Erkältungen und Grippen. Falls eines meiner Kinder wieder einmal krank sein sollte, werde ich wie immer Dafalgan-Zäpfchen gegen Fieber, und am Tag Algifor gegen Viren geben. Sadistische Eltern lassen ihre Kinder in der heutigen Zeit drei Tage bei hohem Fieber leiden, um angeblich die körpereigenen Abwehrkräfte zu stärken. Ein Arztbesuch, der klarstellt ob es sich um Viren oder Bakterien handelt, erfolgt dann leider oft zu spät. Diese Sorte Eltern lassen ihre Kinder meistens auch nicht gegen Masern impfen. Der gesunde Menschenverstand ist dort ganz klar nicht vorhanden. Eine Balance zwischen Homöopatie und chemischer Medizin sollte doch zu vereinbaren sein.

Im Geschäft ist der Kauf von Reis, Pasta, Mehl, Dosenfood, Wasser und Hygieneprodukte für einen Monat empfehlenswert. Was für die einen Menschen Zigaretten und Bier sehr wichtig sind, bedeutet für die anderen wie mich zum Beispiel Schokolade und Kaugummi. Also wenn schon Grosseinkauf, dann kann man sich ja mal eine extra Portion für die Nerven gönnen.

Und denkt dabei an eure alten Nachbarn. Die wären sicherlich froh, wenn ihr ihnen mit dem schweren Einkauf hilft, und diesen bis vor ihre Tür stellt.

Was es schon alles für tolle helfende Webseiten gibt: fiveup.org, einanderhelfen.ch, hilf-jetzt.ch, crossiety.ch, swissvolunteers.ch und caringcommunities.ch. Ganz grosses Lob an all diese Initianten dieser Plattformen.

Für Kinder vereinfacht erklärt: Dieses Mal gibt es im Laden die grossen Chips-Packungen, Glace auf Vorrat (hilft gegen Halsweh), ein neues Federball-Set, neue Knieschoner fürs Rollerbladen, und einen passenden Helm fürs Velofahren. Tschüss Stützrädli. Dazu gibts noch einen Bephanten-Spray und das neuste Pflaster-Set von Anna und Elsa. Und nach jeder streitfreien Stunde gibts ein Gummibärli aus der XXL-Packung.

Seit dem 17. März 2020 müssen in Luzern alle Geschäfte, Restaurants, Coiffeursalons und Fitness-Center geschlossen bleiben. Lebensmittelgeschäfte, Apotheken, Arztpraxen, Medizinische Therapien, Take-aways dürfen weiterhin ihren Tätigkeiten nachgehen. Die Schweiz befindet sich nicht mehr in der "besonderen Lage", sondern in der "ausserordentlichen Lage". Es wird auf öffentlichen Plätzen kontrolliert, dass keine Menschenansammlungen entstehen. Wie zum Beispiel auf Kinderspielplätzen. "Social distance" nennt sich das. Es dürfen sich nicht mehr als fünf Personen zusammen aufhalten, und das auch nur im Abstand von zwei Metern. Ausser natürlich zu Hause in der Familie.

Also Leute, ich sitze nun mit meinen vier lieben Kindern, Hund und Katze 24 Stunden zu Hause. Jeden Tag. Später einmal im Altersheim werde ich davon schwärmen und herumerzählen: "Das war die schönste Zeit in meinem

Leben." Im Nachhinein. Aber was stelle ich jetzt tagtäglich wann an? Was soll ich mir nun vornehmen, um wieder einmal allen gerecht zu werden? Nebst Mutter und Ehefrau sein, bin ich zu Hause auch Putzfrau, Köchin, Ärztin, Coiffeuse und jetzt also auch noch Lehrerin für alle Fächer plus Schlagzeug- und Violinlehrerin. Ich verstehe nichts von Schlagzeugnoten. Mein Improvisations-Talent ist jetzt gefragter denn je. Zum Glück wurde mir vor einem Jahr infolge Umstrukturierung während der Nachtschicht gekündigt. Ich bin glückliche Arbeitslosengeld-Bezügerin. Ich hätte jetzt Nachts 0% Energie für noch mehr Arbeit. Wenigstens die finanziellen Sorgen bleiben uns somit erspart.

Ich halte an meinem strukturierten Alltagsplan fest. Sonst wird in den nächsten Wochen ein Chaos zu Hause ausbrechen. Um vier Uhr stehe ich auf und gehe mit unserem Hund einmal ums Haus herum. Unsere Kinder werden spätestens um sieben Uhr früh geweckt. Es wird nur einmal gefrühstückt, und nicht bis am Mittag herumgefuttert. Wir machen um etwa neun Uhr ein grosses Ründchen mit unserem grossen Hündchen, und verweilen dazwischen auf den Spielplätzen, die zum Glück meist leer sind. Gegen elf Uhr gehen wir wieder nach Hause.

Kids und Hündchen wurden bewegt und hatten frische Luft und Tageslicht. Zum Teil ernte ich beim Spazieren mit meiner Familie von einigen Autofahrern mit Mundschutz böse Blicke und Kopfschütteln. Haben meine Kinder denn kein Anrecht auf frische Luft, Tageslicht und Bewegung?

Ich komme mir in unserem Wohngebiet ziemlich exotisch vor im Moment. Wieder zu Hause, können meine Kinder an ihren Hausaufgaben arbeiten, welche sie wöchentlich am Mittwoch in der Schule abholen/bringen konnten. Das hat sich auch geändert. Die Hausaufgaben werden per Post und E-Mail nach Hause geschickt. Für meine Jüngste bringt der Osterhase Bastelvorschläge vom Kindergarten zu unserem Briefkasten. Wenigstens bei ihren freiwilligen Hausaufgaben kann ich mithalten.

Währenddessen bereite ich das Mittagessen vor. Mein Mann hat einen ziemlich veränderten Arbeitsalltag. Er freut sich, mit uns am Mittag gemeinsam zu essen. Manchmal sieht er unsere Kinder nur am Abend, kurz vor dem zu Bett gehen. Dann sind meistens die beiden "mü" present: müde und mühsam. Unsere Kinder sind jetzt viel ausgeglichener und fröhlicher. Obwohl sie gerne zur Schule gehen, ist der ganze Pünktlichkeits-Stress und Prüfungs-Druck wie in Luft aufgelöst. Das ist unübersehbar. Auch mein Mann akzeptiert die Veränderung und geht alles viel gelassener an. Als er sich drei Tage nicht rasiert hat, habe ich ihn gefragt: "Lässt du dir jetzt einen Mundschutz wachsen?" Bärte sind im Moment ja voll im Trend. Zum Glück folgt mein Mann diesem Style nicht.

Der Virus hat also auch seine positiven Seiten. Familien und auch allein lebende Menschen sind nun plötzlich zu Hause. Viele Menschen erleben, nach Wochen der bevorgestandener Ungewissheit, plötzlicher Verzweiflung, jetzt allmählich

Ruhe. Sie werden gezwungen, den Alltag in Ruhe anzugehen. Es bleibt ihnen einfach nichts anderes übrig. Sie müssen nun lernen, sich und ihre Familie wieder neu zu entdecken und kennenzulernen, und nicht die Arbeitswelt über ihre Persönlichkeit definieren zu lassen. Einfach wieder Mensch sein, keine Maschine mit Leistungsdruck. Ist doch schön, oder?

Während viele Menschen die Kurzarbeit jetzt geniessen und wieder Zeit haben, zwischenmenschliche Beziehungen zu pflegen, denke ich an die Schlagzeilen in neun Monaten: Baby-Boom in ganz Europa. Corona führt die Hitliste in der Namensgebung für Mädchen an. Bei den Jungs wirds entweder der kleine Sars oder Covid sein. Gleichzeitig wird es ziemlich viele Scheidungen geben, weil einige Menschen das ständige Zusammensein in der Familie psychisch nicht ertragen. Psychisch schwache Menschen erleben momentan einen enormen Angstzustand. Das ist die negative Seite in diesem speziellen Alltag.

Auf den Strassen geht es eindeutig ruhiger zu. Leere Geisterbusse und -züge fahren strikt nach Plan. Bald nicht mehr. Eine Fahrplan-Änderung wird erarbeitet. Wohin sind die Drögeler und Dealer in unserem Quartier plötzlich verschwunden? Luzern ist ein beliebter Ort für Drogen geworden. Wahrscheinlich happerts jetzt am Grenzübergang? Die Dealer warten wie gewohnt mit dem ganzen Material im Magen ihrer Kampfhunde an der Schweizer Grenze. Jetzt müssen sie noch beweisen, dass sie in der Schweiz wohnen oder geschäftlich reisen. Wie auch immer, endlich ruhige saubere

Strassen im Quartier. Andere Kriminelle haben jetzt neue Chancen im Internet für sich entdeckt. Die Cyber-Kriminellen versenden falsche Virus-Infos übers Netz. Wer auf diesen Seiten weiterklickt, hat garantiert einen Virus eingefangen, nämlich für seinen PC.

Die Bordelle werden wohl auf Internet-Chat oder Escort-Service umsteigen müssen. Das ist hygienischer. Aber trotzdem wird der Blow-Job wird mit dem Mundschutz ziemlich umständlich werden. Lustig sehen die Raucher aus, die auf der Strasse ihren Mundschutz hochziehen, um ihren Glimmstengel zu rauchen. Sie schützen sich vor dem Virus mit einem Mundschutz, wobei sie sich gleichzeitig Giftstoffe reinziehen. Voll bekloppt, oder?

Ich muss an die vielen lustigen Stammtisch-Gespräche von früher denken. Damals, als ich zehn Jahre lang in verschiedenen Gastrobetrieben gearbeitet habe. Überall gibt es den einfachen Pensionierten, der zu allen aktuellen Themen den Zeigefinger hebt, und sein lautes "Haa!" von sich gibt. Bekannt ist auch das, nach aussen hin, liebe Pärchen, das sich bei jeder Gelegenheit mit einem bösen Blick über jemanden lustig macht. Der wichtige Geschäftsmann, dem niemand zu wiedersprechen traut, gibt mit einem klaren Satz seinen Senf dazu. Der frische Lehrabgänger, der jetzt mit seinem Bierhumpen zu den Grossen am Tisch gehört. Die Motzis, die den Salat zu kalt und die Suppe zu heiss finden. Möglichst kompliziert bestellen diese Unzufriedenen über die kurze Mittagszeit das Menu 1, mit den Beilagen vom Menu 2 und das Gemüse dazu vom Menu 3. Wie hat das wohl jetzt auf der ganzen Welt an diesen Stammtischen getönt? Nur noch Corona in aller Munde. Das Wetter, das Horoskop, die Sportresultate und der stressige Arbeitstag waren nicht mehr wichtig am Tisch. Ich stelle mir die vielen Raucher mit einem Mundschutz vor. Der Inhalationsvorgang ist bestimmt anstrengend. Diese Tisch-Gespräche sind nun verstummt. Die verschlossenen Restaurant-Türen zwingen die Gäste draussen zu bleiben und nach Hause zu gehen.

Selbstständig Erwerbende sehen einer finanziellen Krise entgegen. Der Bund verspricht Entschädigungen und bietet unkomplizierte Kreditanträge für KMUs an. Traurigerweise werden sich so sehr viele Geschäftsleute hoch verschulden. Ich lese täglich von neuen tausenden von Arbeitslosen wegen diesem Corona-Virus.

Inzwischen schwanke ich zwischen: "Diese Hysterie ist doch völlig unnötig, und das Ganze kann wohl nicht so schlimm sein" und "Kinder fasst ja nichts an da draussen und wascht sofort und lange eure Hände sobald wir zu Hause sind, während ihr zweimal Happy Birthday singt". Meine eigene Meinung wechsle ich je nach Portion Schlaf und dementsprechenden Gemütszustand. Eine bisher nicht gekannte Ängstlichkeit über etwas Fremden versucht mich andauernd umzustimmen. Zum Glück vefällt mein Mann nicht dieser Hysterie und bleibt bodenständig. Obwohl ihm von Tag zu Tag mehr Aufträge verloren gehen. Hauptsache unsere Kinder sind gesund, lautet seine Einstellung.

Ich werde versuchen, meinen Kindern während diesen "Ferien" die Schweizer Politik ein wenig näher zu bringen. Dabei werden mir die zwei Alleswisser Frau Wiki Pedia und Dr. Google behilflich sein müssen. Auf admin.ch kann ich mich mit den neusten News eindecken. Politik-Kunde für Kinder wird mich sicher auf den neusten Wissens-Stand bringen. Ich werde mit der Bundesrätin mit der wunderschönen Frisur und diesem tollen leuchtenden Blond beginnen. Diese Frau ist zuständig für...ähm...ich google weiter. Oder ich erkläre meinen Kindern die Aufgaben von einem anderen Bundesrat. Diesen Namen können sie sich bestimmt merken von den Hustenbonbons. Warum gibt es in der Schweiz nicht schon ab der 1. Klasse altersgerechten Politikunterricht? Bleibt mal wieder alles an Mama hängen.

Dass wir keinen König in der Schweiz haben, wissen die Kids. Doch natürlich, unsere alljährlichen Schwingerkönige. Der Bündner Curdin Orlik ist für mich ein wahrer König. Mutig und selbstsicher. Ein ehrlicher Vorbild-Schweizer. Einen Präsidenten hat die Schweiz auch nicht. Das wird ein schwieriges Thema zum erklären. Vielleicht erkläre ich meinen Kindern besser zuerst Chemie. Was sind Viren und Bakterien? Krankheitserreger. Was macht die Medizin damit? Auch sehr schwierig für mich.

Wie wäre es mit der Landeshymne? Ich google den Text. Ähm, vergessen wir den Text. Das Lied kann auch gesummt werden. Dieser Text ist echt nicht mehr zeitgemäss. Dieses hocherhabene fromme Wetterlagen-Lied ist ziemlich verwirrend und religiös. Nach dieser Corona-Zeit wäre es angebracht, einen neuen Text vom Zusammenhalt der Bevölkerung zu gestalten. Besser, ich unterstütze jetzt meine Kinder im Home-schooling, und musiziere mit ihnen, wenn auch nur nach Gehör. Das genügt uns als Familie momentan.

Hört man nicht jedes Jahr von tausenden von Grippe-Toten auf der ganzen Welt? Was ist denn dieses mal so anders? Warum wurde nicht schon in früheren Jahren so drastische Massnahmen egriffen wie jetzt? Warum gibt es keine richtige Medizin dafür. Sogar eines meiner Kinder fragte mich, warum es für die geschwächten Grippeopfer keine künstlich hergestellten Antikörper gibt. Interessante Frage von einem neunjährigen Kind.

Ich frage mal Dr. Google. Und wirklich: In der "Science-Ausgabe" vom 2. November 2018 wird eine Art passive Impfung beschrieben. Forscher haben ein sogenanntes Antikörper Multidomain MD3606 erschaffen, das sofort intravenös gegen Grippeviren A und B ankämpft. Durch eine Art Nasenspray kann dieser künstlich hergestellte DNA-Impfstoff diese Antiköper mit long-lasting protection, also Langzeitwirkung verabreicht werden. Warum werden gerade jetzt diese künstlichen Antikörper nicht an Menschen getestet, sondern nur an Mäusen? Das wäre doch ein Versuch, oder besser gesagt, ein Menschenleben wert, bei dem in der nächsten Stunde der Sarg wartet. Oder habe ich als durchschnittlich gebildeter Mensch wieder einmal nichts richtig verstanden?

Ebenfalls lese ich vom Aglaia-Strauch, einem asiatischen Mahagoni-Gewächs, das in Borneo heimisch ist. Der daraus gewonnene Naturstoff Silvestrol blockiert in Körperzellen ein Enzym elF4A, das die Viren benötigen. Da Silvestrol schwierig ist, chemisch herszustellen, bietet die unkomplizertere Alternative mit dem Molekül CR-31-B eine beinahe ähnliche antivirale Wirkung wie mit Silvestrol. Diese antivirale Breitbandwirkung gegen Coronaviren sind von einer Zulassung als Medikament noch weit entfernt. Aber warum denn das?

Ich muss an die vielen Mamas und Papas denken, die "nur" wegen einer Grippe ins Spital gehen, und nie mehr zu ihren Liebsten zurückkehren. Und das im Jahr 2020. Ich muss weinen. Auch für mein geliebtes Bella Italia weine ich. Fliesst doch auch italienisches Blut in mir. Inzwischen wird unterschieden, ob jemand "mit" oder "an" Corona gestorben ist.

Was ich gelesen habe ist, dass dieser Corona-Virus längst auch eine politische Ebene zwischen China und den USA erreicht hat. Der US-Präsident beleidigt China mit den Worten "China-Virus" anstatt "Corona-Virus". Der Sprecher des chinesischen Aussenministeriums twitterte: Es könnten US-Militärs gewesen sein, welche die Epidemie nach Wuhan gebracht haben.

Jetzt ist der Präsident in seinem Job gefordert wie noch nie zuvor. Man hört jetzt nichts mehr von Terroristen-Bekämpfung, möglichst noch vom Universum aus.

Wie Terroristen verstecken sich auch die Viren in der Bevölkerung. Was wird der Präsident nun tun? Er hat jetzt den virenverseuchten Europäern den Kampf angesagt. Jemand muss ja schuld sein. Wird er dieses Vorhaben ebenfalls vom All aus steuern wollen? Wir sind gespannt. Traurig ist vorallem das amerikanische Gesundheits-System. Wieviele arbeitslose Amerikaner haben keine Krankenversicherung, und so keinen Zugang zu medizinischer Hilfe. Eine Versicherungs-Einheitsklasse, so wie es ein Präsidenten-Anwärter schon lange fordert, würden die vernachlässigten Amerikaner begrüssen.

Jetzt will der amerikanische Präsident Geld an die Bevölkerung verteilen. 1000 Dollar-Checks genauer gesagt. Mit Geld will der gute Opa also versuchen, seine vernachlässigten Kinder davon zu überzeugen, dass er doch auch an sie denkt. Sonst gibt es ja plötzlich keine Arbeitskräfte mehr in seinem Land. Wie er diese Checks unter die Leute bringen will, weiss er selbst noch nicht. Er hat in Amerika den Nationalen Notstand ausgerufen. Ein Zückerchen wäre noch ein Grundeinkommen für jeden US-Bürger. Das würde die hohen Kosten für die Kriminalbekämpfung deutlich senken. Das Geld könnte stattdessen in die Krankenkasse fliessen. Aber eben, ich bin nur eine Mutter und Hausfrau und nicht so hoch gebildet.

Mr. Präsident befiehlt jetzt General Motors, Beatmungsgeräte zu produzieren. Jetzt macht er seine Arbeit aber gut. Er nimmt das Thema Gesundheit für sein Land endlich ernst. Bereits über 100 000 Amerikaner sind mit dem Virus infiziert. Über 1700 US-Bürger sind daran gestorben. Das Gesetz "Defence Production Act" wird jetzt angewendet, das 1950 während des Koreakriegs erschaffen wurde. In Krisenzeiten darf die US-Regierung Firmen dazu verpflichten, bestimmte Aufträge auszuführen.

Die Zeitverschwendung der Schuldzuweisung zwischen China und den USA ist Zirkusreif. Vielleicht ist dieser Virus ja wirklich von den Amerikanern nach China gebracht worden, wie es China behauptet. Auslöser war wahrscheinlich die legendäre Fledermaus-Enthauptung 1982 von Ozzy Osbourne während seinem Konzert. Dabei dachte er, das ihm zugeworfende Tier sei eine Gummi-Atrappe. Nach dem schlimmsten klebrigen Nachgeschmack in seinem Mund, wurde Ozzy in einem Krankenhaus gegen Tollwut und Tetanus behandelt. Angeblich litt er mehrere Wochen an Schwindelanfällen. Der Beginn von Corona? War ein Chinese im selben Spital kurz vor dem Nach-Hause-Flug?

Ich liebe das Lied "Dreamer" von Ozzy. Die deutsche Übersetzung zu lesen lohnt sich. Danke vielmals Ozzy für das wundervolle Lied.

Ist jetzt der Wendepunkt für ein Umdenken zugunsten der Umwelt und deren Lebewesen? Gerade jetzt erlebt die Erde durch die Lahmlegung der Wirtschaft und weitreichende Menschenisolation eine Verschnaufpause. Auf airquality-now.eu ergeben die Luftwerte einen gesunden Wert. Auch die Wasserqualität verbessert sich in den Seen und Flüssen. Waren nicht gerade Delfine im nun klaren Kanal in Venedig gesichtet worden? Wieviele Leute sterben doch jedes Jahr an den Folgen der Luftverschmutzung. Wird das besser, wenn meine Kinder in der Zukunft mit E-Autos zur Arbeit fahren?

Ich liebe die Art und Weise von Greta Thunberg. Der Schulstreik für ein besseres Klima hat weltweit eine Welle des Umdenkens erreicht. Was diese junge liebenswerte Göre mit ihrem starken Willen alles erreicht hat ist unglaublich. Dafür liebe ich sie.

Jetzt herrscht weltweite Schulpause wegen Corona. Ein Virus beherrscht die Welt. Nichts und niemand könnte Politiker so schnell zum Handeln zwingen wie dieser unsichtbare Virus. Vergessen sind die riesigen Flüchtlings-Wellen auf der ganzen Welt, die Kriegs-Kinder, die Obdachlosen, der Plastik-Müll im Meer. Niemand denkt jetzt daran.

Wissen die ärmsten Menschen auf der Welt überhaupt was ein Virus ist, in ihrem sowieso schon alltäglichen schmerzvollen Leben? Dem Brasilianischen Präsident, der nach Angaben von Wikipedia als frauenfeindlich, schwulenfeindlich und rassistisch bekannt ist, ist dieser Virus ziemlich egal. Mit militärischer Härte droht er allen Beschützern des Amazonas-Regenwaldes und den indigenen Volksgruppen. Rodungen der Wälder haben sich während seiner Präsidentschaft verdoppelt. Illegale Fischerei und die Zerstörung von Naturschutzgebieten zwecks Bergbauaktivitäten werden vom Präsident, stolzer Herr über millionen Strassenkindern, begrüsst.

Diese kleine Grippe sei nur Hysterie um ihm zu schaden. Verfügt dieser hässliche alte Klumpen über ein Hirn? Wie ist der Präsident geworden? Zum Teufel mit ihm. Alles klar. Geld ist macht. Hoffentlich siegt in Zukunft auch gesunder Menschenverstand.

Frau Wiki Pedia und Dr. Google klären mich über die unglaublichen Aufgaben der Fledermaus im Alltag auf. Dieses grundlos gefürchtete Tierchen frisst nicht nur Insekten. Durch fressen und ausscheiden der Pflanzensamen ist sie verantwortlich für die Bestäubung von 95% der Pflanzen im Amazonas. Gibt es den noch? Sehr sehr traurig, was die Menschen der Natur antun.

Was ist eigentlich mit Bruno Manser geschehen? Warum sitzen nicht mehr Gretas, Ozzys und Brunos in der Politik? Ich wünsche mir fest, dass meine Kinder in einer besseren Umwelt als diese jetzt alt werden können. Sogar hier in der Schweiz wird jetzt über das weitere Vorgehen gewerweist: Der Menschheit und deren Gesundheit zuliebe weiterhin Isolation zu Hause wie in den letzten zwei Wochen, oder der Wirtschaft zuliebe alles wieder normal wie vorher? Während in unserem Nachbarland Italien weiterhin 1000 Menschen täglich an diesem Virus sterben. Aber ohne Menschen wird es auch keine Wirtschaft mehr geben. Das begreifen viele Politiker nicht.

Unkraut vergeht bekanntlich nicht so schnell. Deshalb werde ich steinalt werden. Das habe ich mir jedenfalls fest vorgenommen. Meinen Enkel-Kindern werde ich einmal diese krasse Virus-Zeit auf meine eigene Art erzählen.

Meine Geschichte wird diese sein:

Früher, im Jahr 2019, als die Menschen noch andere Lebewesen assen, war einmal ein armer junger Chinese namens Xiwàng. Seinen Grosseltern wurde vor vielen Jahren das Land vom Staat enteignet, genau wie bei tausenden anderen Bauern auch. Dafür hatten sie keine Entschädigung erhalten. Sie wurden von ihrem Zuhause vertrieben. Als ehemalige Reisbauern hatten sie nicht genug zu essen. Der junge Xiwàng musste mit seinen Geschwister Hühner, Faultiere, Schuppentiere und Schlangen aus dem Wald stehlen um zu überleben.

Irgendwann trennte die Armut den jungen Xiwàng vom Rest seiner Familie. Er musste alleine für sich schauen. Er fing verschiedene Tiere in der Natur und verkaufte sie an einem Tiermarkt in einer riesigen Stadt namens Wuhan in der Provinz Hubei. Mit getrockneten Fledermäusen und Schlangen kreierte er Suppen, Desserts und Medizin. Da er wie millionen anderer Chinesen auch, nie lesen und schreiben gelernt hatte, musste er sich alles selber beibringen.

Der Tier-Markt mit qualvoll sterbenden und toten Tieren war weltweit bekannt und erlaubt. Dort lernte er seine junge Frau Yonggande kennen. Sie verkaufte süsse Katzenbabys. Wenn diese niemand kaufen wollte, verhungerten die Kätzchen im kleinen rostigen Käfig. Aus deren Fellen konnte sie wunderbare flauschige Handschuhe fertigen und verkaufen. In einer kleinen Strohhütte am Stadtrand richtete Yonggande ein kleines Bettchen aus Stoffresten ein. Bald einmal konnte sie nicht mehr auf dem Markt arbeiten.

Sie gebar ihr erstes Baby Ài. In einer Bambus-Hütte am Stadtrand wartete Mama Yonggande mit ihrem Baby Ài jeden Abend hungrig, bis Papa Xiwàng mit seinem Velo nach Hause kam. Den Rest der feinen Fledermaus-Suppe, mit den saftigen Schlangenstücken darin, nahm Xiwàng jeweils mit nach Hause für seine Frau. Manchmal schenkten ihm andere Tierfänger vom Markt andere vergammelte Tierreste. Aus diesen zauberte Xiwàng ebenfalls feine Suppen.

Als er eines Morgens mit seinem Velo zur Arbeit fuhr, hatte er Mühe mit dem Atmen. Ein hartnäckiger Husten hatte ihn erwischt. An seinem Marktstand angekommen, kochte er eine neue Fledermaus-Suppe. Diese würde seinen Husten bestimmt heilen. Auch seinen vielen hustenden Freunden auf dem Markt verkaufte er die angeblich heilende Suppe.

Diese wurde eine Spezialität auf dem Tiermarkt. Viele Leute aus der Stadt folgten dem feinen Duft dieser Suppe bis zu seinem Stand. Xiwàng hatte plötzlich viel Arbeit. Mit seinem vielen verdienten Geld wollte er wie jeden Abend nach Hause radeln. Doch sein Husten wurde immer stärker. Er fiel von seinem Velo und verstarb einsam am Wegrand, während seine Frau Yonggande mit ihrem Baby Ài zu Hause auf ihn warteten.

Wegen hohem Fieber und Husten konnte Yonggande nicht mehr zu ihrem Baby schauen. Baby Ài musste bei Nachbarn untergebracht werden. Die Lungenentzündung überlebte Yonggande nicht. Die Nachbarn adoptierten Baby Ài. Als Korbflechter und Gemüsebauern verdienten sie gerade genug, um zu überleben.

Auf der ganzen Welt verbreitete sich ein Virus namens Corona Covid-19. Chinesische Virologen wurden von ihren landseigenen Politiker mundtod gemacht. Das funktionierte nicht lange. Politiker auf der ganzen Welt standen nun vor einer ganz neuen Aufgabe. Mit sterbenden Menschen war eine weltweite riesige Wirtschaftskrise zu erwarten. Sie bekämpften den neuen unsichtbaren Feind mit teurer chemischer Medizin.

Politiker schworen sich mit einem neuen Planeten-Gesetz, dass so etwas nie mehr geschehen darf. Die Menschen müssen die Tier- und Pflanzenwelt schätzen und schützen und nicht zerstören. Sonst wehren sich Flora und Fauna mit Viren, und schlagen der Menschheit zurück.

Die Menschen wurden schlauer. Niemand mehr unterstützte Tiermärkte auf der ganzen Welt. Die armen Marktleute wurden vom Staat geschult, wie sie Bäume pflanzen müssen. Tiere wurden nicht mehr für Medizin missbraucht, auch nicht mehr gegessen. Die endgültige Trennung von Neandertaler und Mensch war erfolgt.

Gemüse, Früchte, Reis, Pasta und neu hergestellte Vegetarische Lebensmittel kurbelten die Lebensmittelindustrie ganz neu an. "Made in China"-Lebensmittel wurde mit gutem Gewissen auf der ganzen Welt verspeist.

Das grosse gelbe M machte aus ihren fetten Fastfood-Kunden gesunde Vorbilder für die moderne Gesellschaft. Powerfood Drive-in präsentierten pflanzliche Burger in knalligen

Farben und feinen neuen Aromen. Zudem sorgten diese gesunden Lebensmittelproduktionen für millionen Arbeitsplätze in China und auch weltweit.

Einer der grössten Gemüseproduzenten in China war die Firma Ài aus der Provinz Hubei. Diese Firma erzielte mit ihrem biologisch angebautem Gemüse und Reis, und der anschliessenden Verarbeitung von Burgern, Rekordgewinne.

Baby Ài erbte die kreativen Gene des Vaters. Schon als Kind experimentierte Ài mit Gemüse und Reis. Als erwachsener Mensch bietet Ài mit seiner Firma tausenden von Menschen die Möglichkeit von ehrlicher Arbeit mit Ausbildung an. Ài-Burger werden seither weltweit geliebt. Das grosse Umdenken der Menschheit bezüglich Planet Erde hat endlich stattgefunden.

So etwa stelle ich mir meine Geschichten für meine Enkelkinder in der Zukunft vor. Zukunft? Das Lied "Bruttosozialprodukt" von Geier Sturzflug wird eine Renaissance erleben. Eine neue motivierte Wirtschaft mit gesunden Menschen kann entstehen. Sojaproduktion auf dem Mond? Ich lasse mich überraschen.

I'm just a Dreamer and Mama.

Heidi Pilatus

April, 2020